D1751927

Kinder, seid ihr alle da?

Bild und Text von
Ruth Elsässer

J. Ch. Mellinger Verlag Stuttgart

Denkt nur, Kasper hat einen Brief bekommen! Wißt ihr von wem? Von seiner Großmutter. Da steht drin, er darf mit Gretel zu ihr auf Besuch kommen. Großmutter wohnt nicht weit von hier, eine Stunde ungefähr zu gehen, den Berg hinauf, am Waldrand vorbei und dann grad aus. Ihr kleines Haus steht zwischen Hecken und Bäumen. Das Schönste aber ist ihr Gartenhäuschen. Es steht ganz hinten im Garten unter einem alten Kirschbaum, ganz versteckt. Es ist kein gewöhnliches Gartenhäuschen! Man findet da viel alte Spielsachen, Kisten, Bretter, Körbe, Säcke, Tücher, Stangen, Polster, Töpfe, sogar einen alten Ofen. Das Allerschönste aber ist der kleine Dachboden, den man über eine Leiter betreten kann oder durch ein kleines Fenster, wenn man auf den Holunderbaum klettert. Kasper freut sich und ruft gleich seine Gretel, um ihr alles zu erzählen. Dann holt er seinen Rucksack, und sie packen alles ein, was sie mitnehmen wollen. Gretel holt ihr Körbchen und sagt: „Vielleicht finden wir Erdbeeren droben am Waldrand für Großmutter, als Gastgeschenk." Wie sie nun fertig sind, sagt Kasper: „Nun wollen wir gehn, lebt alle wohl, auf Wiedersehn!"

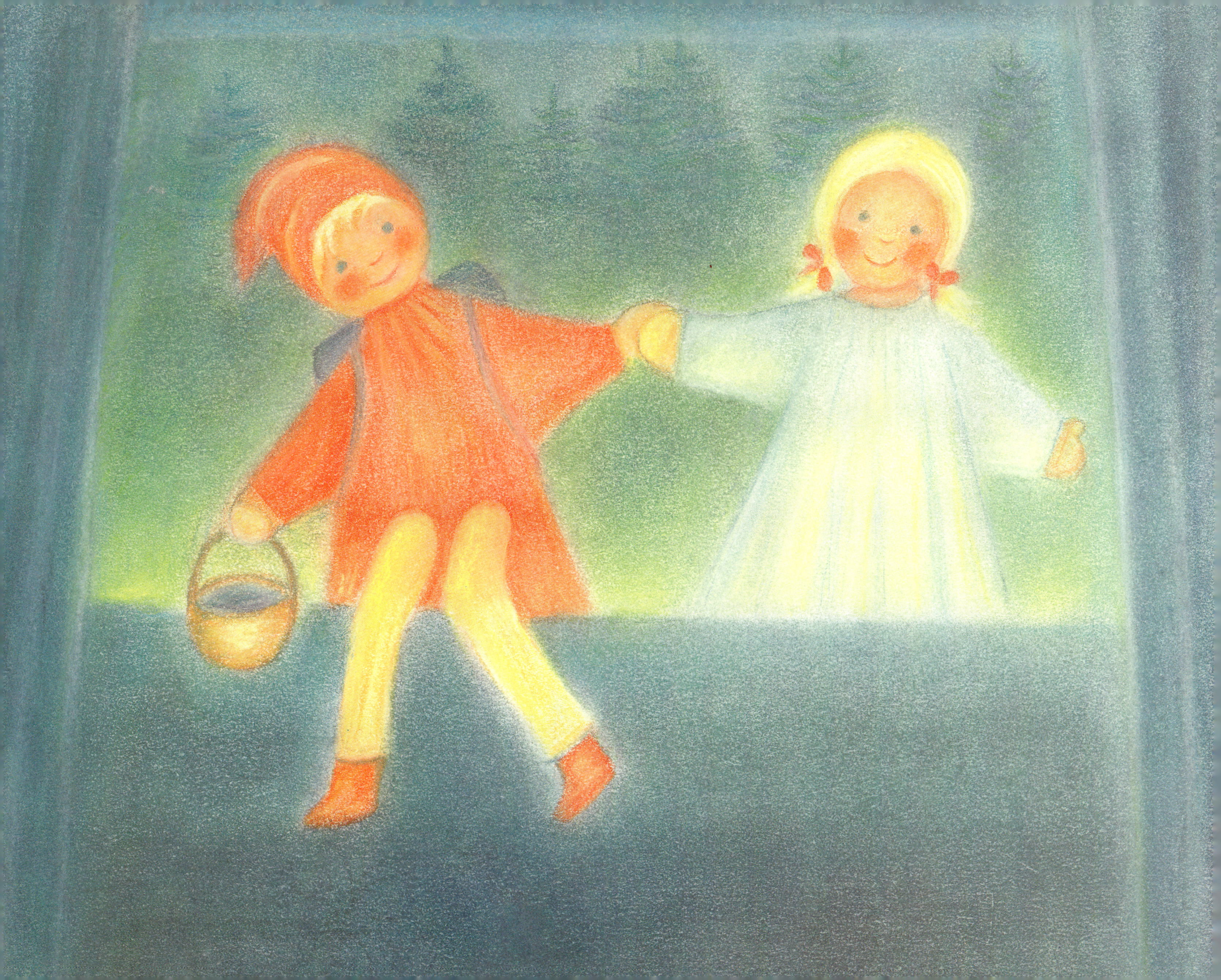

Kasper und Gretel sind nun schon am Waldrand angekommen. Der Weg war steil, und nun ruhen sie sich auf einem Baumstamm aus. Gretel schaut sich um und sagt: „Ich sehe nirgends Erdbeeren, wie schade." „Komm", sagt Kasper, „wir gehen etwas weiter in den Wald hinein, vielleicht finden wir dort welche." Wie sie nun im Wald sind, steht auf einmal eine alte Frau vor ihnen. Gretel erschrickt und sagt leise zu Kasper: „Ist das eine Hexe?" Die Frau aber sagt: „Ihr braucht nicht zu erschrecken, ich bin die Kräuterfrau und suche Kräuter, Beeren und Pilze. Wenn ihr Erdbeeren sucht, müßt ihr dort hinübergehen, wo die Sonne auf den Abhang scheint, da werdet ihr sicher welche finden." Kasper und Gretel bedanken sich und gehen tiefer in den Wald hinein. Wie es die Kräuterfrau gesagt hat, finden sie die Erdbeeren. Schon von weitem leuchten sie rot unter ihren Blättern hervor. Als nun das Körbchen voll ist, sagt Kasper: „Jetzt müssen wir uns aber beeilen, Großmutter wird schon auf uns warten."

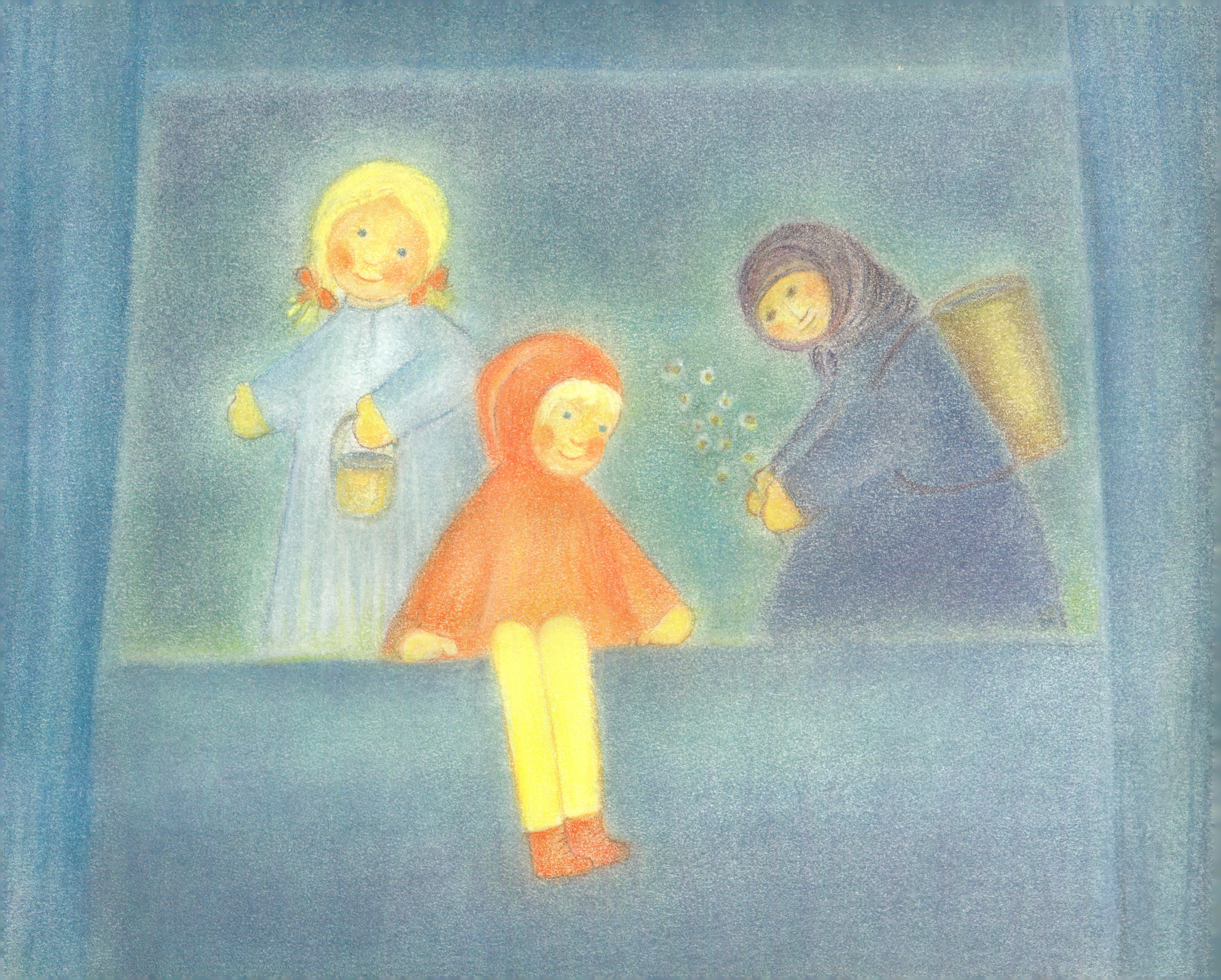

Großmutter hat inzwischen schon zum Fenster herausgeschaut und denkt: „Wo bleiben nur die Kinder?" Da kommen sie auch schon zur Tür hereingesprungen und fallen Großmutter um den Hals. Gretel gibt ihr das Körbchen mit den Erdbeeren, die sie so gerne mag. Dann wird erzählt und viel gelacht, bis Großmutter sagt: „Nun kommt zum Essen, der Tisch ist schon gedeckt, es gibt heute Hirsebrei und Apfelmus, eure Leibspeise." Nach dem Essen sagt sie: „Ich habe noch eine Überraschung für euch, ihr dürft heute Nacht auf dem kleinen Dachboden im Gartenhäuschen schlafen." Kasper und Gretel freuen sich, denn sie haben sich das schon lange einmal gewünscht. Wie es nun Abend wird, gibt ihnen die Großmutter die Federbetten, und sie klettern damit auf den Dachboden. Sie finden zwei Säcke mit Heu gefüllt, die Großmutter für ihr Häschen dort aufbewahrt. Auf diesen Säcken, die so gut nach Heu duften, machen sie ihre Betten. Wie sie fertig sind, kuscheln sie sich in ihre Kissen, machen die Augen zu, und es dauert nicht lang, da sind sie eingeschlafen.

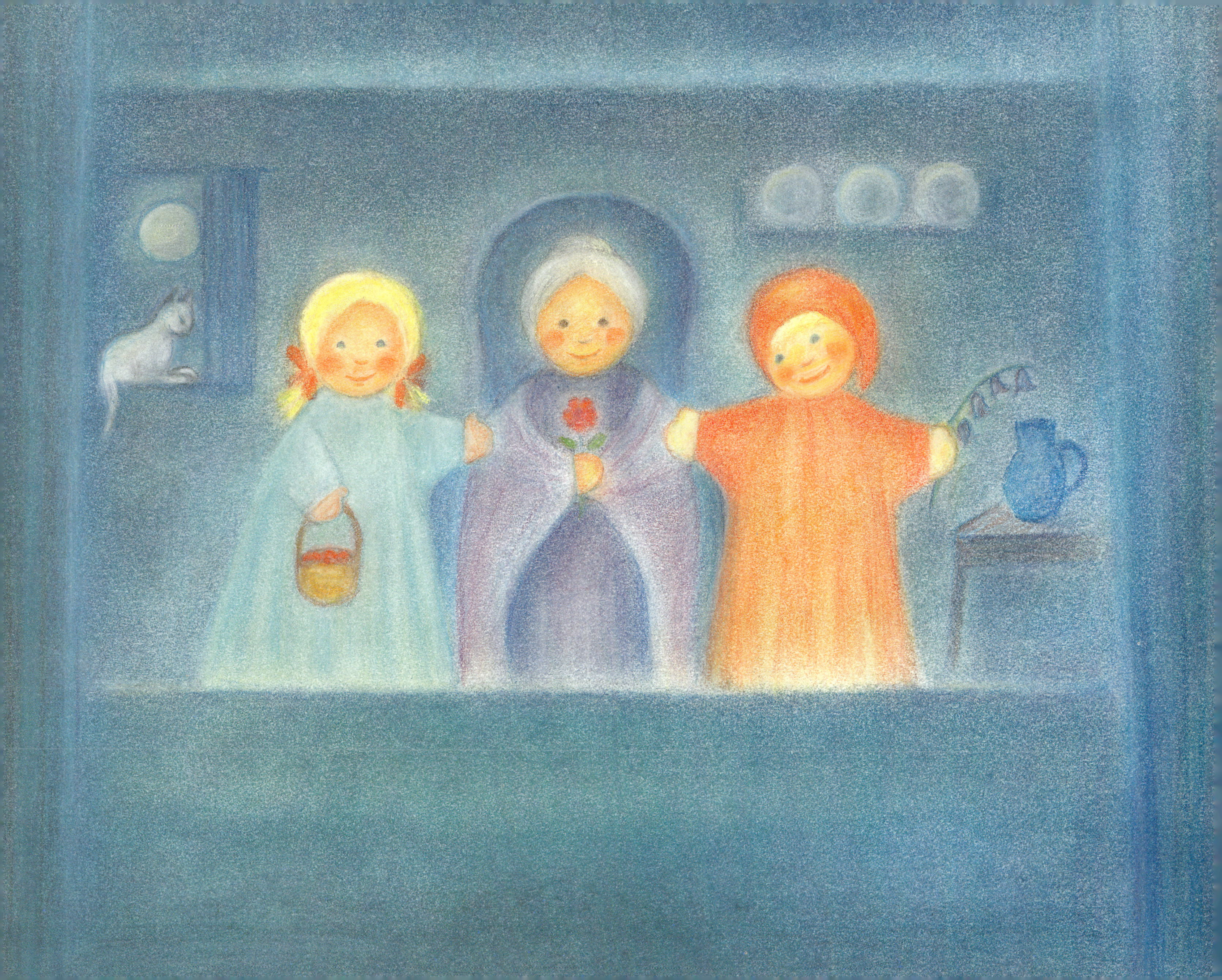

Der Mond steht schon hoch am Himmel, und die beiden schlafen ganz fest. Da fährt auf einmal Gretel ganz erschrocken in die Höhe. Sie hat ein Geräusch gehört, ein Kratzen und Schaben. Was könnte das sein? Sie weckt Kasper, und beide schauen sich um und horchen. Da sehen sie eine Maus auf dem Fensterbrett sitzen, die sich ganz ängstlich umschaut und dann schnell in ihr Mauseloch rennt. Am andern Morgen erzählen sie alles der Großmutter. Sie sagt: „Ich habe noch ein altes Mausefallenhäuschen, da legen wir ein Stück Speck oder Käse hinein. Das mögen die Mäuslein. Sie können durch das kleine Loch hineinschlüpfen, aber sie können nicht mehr hinaus. Es ist zwar ein Türlein an dem Häuschen, aber das kann man nur von außen aufmachen. Ist die Maus drin, könnt ihr sie in den Wald tragen und sie dann springen lassen."

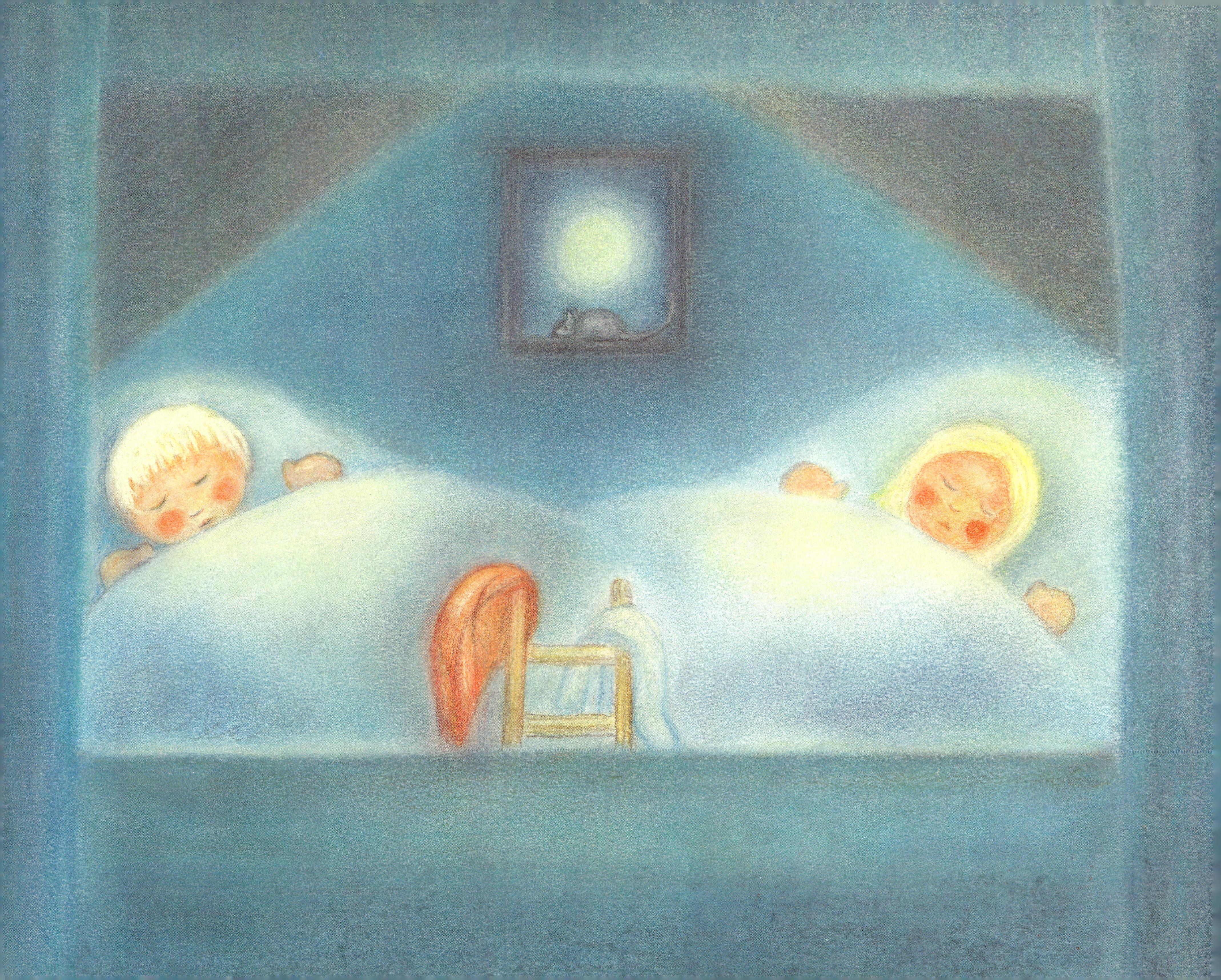

Kasper und Gretel machen es so, wie Großmutter es gesagt hat, und es dauert nicht lange, da sitzt das Mäuslein schon im Mausekäfig und schaut sich ängstlich um. „Warte nur", sagt Kasper, „du darfst bald wieder heraus." Dann trägt er mit Gretel das Mausehäuslein in den Wald und macht das Türchen auf. Wie der Wind ist das Mäuslein draußen, rennt in den Wald und freut sich, daß es nicht mehr eingesperrt ist. „Weißt du was", sagt Gretel, „wir gehen jetzt dort hinunter ans Bächlein und spielen noch ein wenig am Wasser." „Ja", sagt Kasper, „vielleicht gibt's dort auch Frösche", „und vielleicht auch Vergißmeinnicht", sagt Gretel.

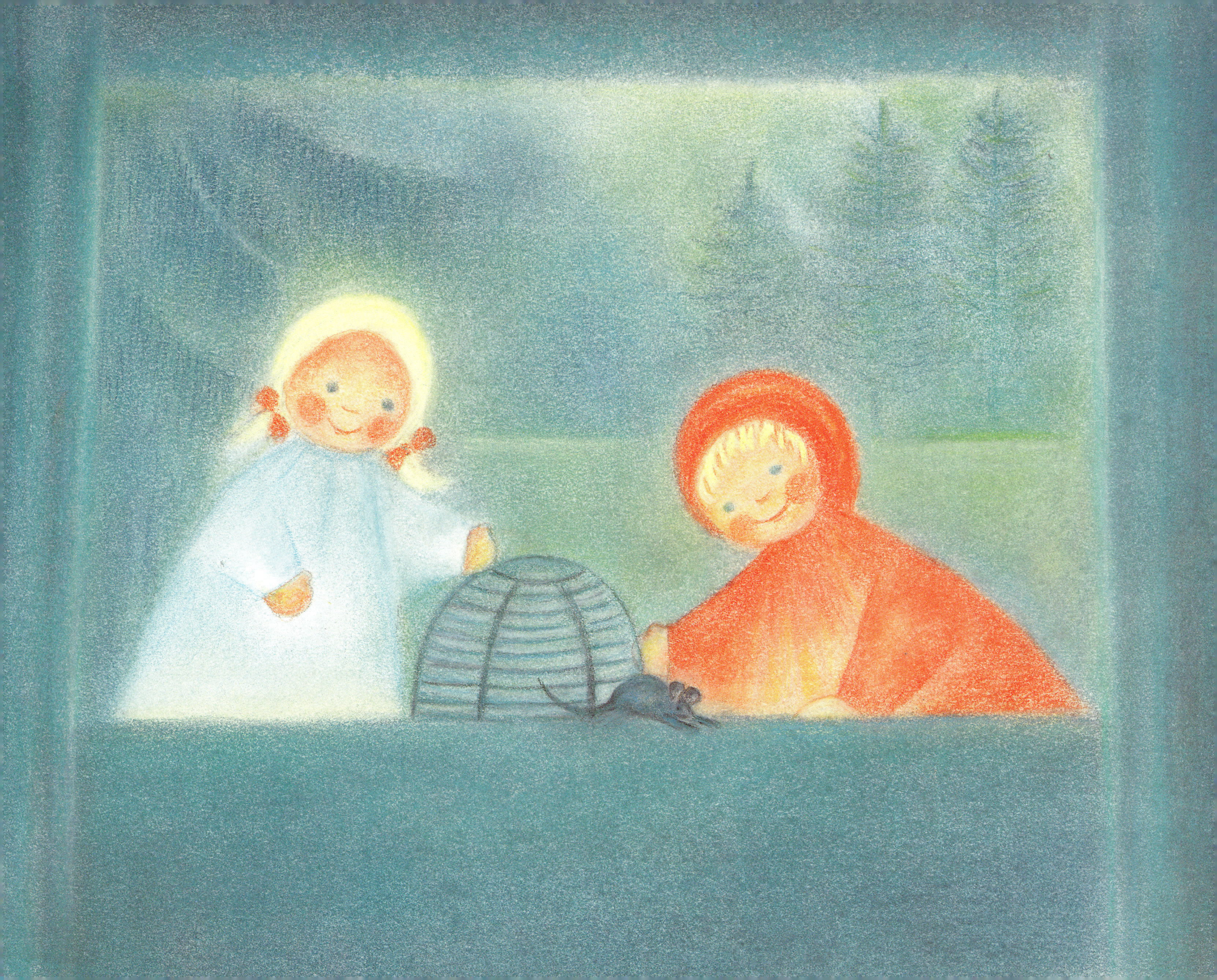

Als sie zum Bächlein kommen, sehen sie am Wasser, ganz allein ein Lämmlein stehen, das kläglich schreit, mäh! mäh! „Wo sind denn die andern Schafe mit dem jungen Schäfer, der heute die Schafe hütet?" sagt Gretel zu Kasper. „Ich sehe sie schon ganz dort oben weiterziehen", sagt er, „ich glaube, der junge Schäfer hat es gar nicht gemerkt, daß sich das Lämmlein nicht durchs Wasser getraut hat. Vielleicht war es auch schon müde von dem langen Weg!" Kasper geht ganz langsam zum Schäfchen, nimmt es behutsam auf den Arm und trägt es über das Wasser.

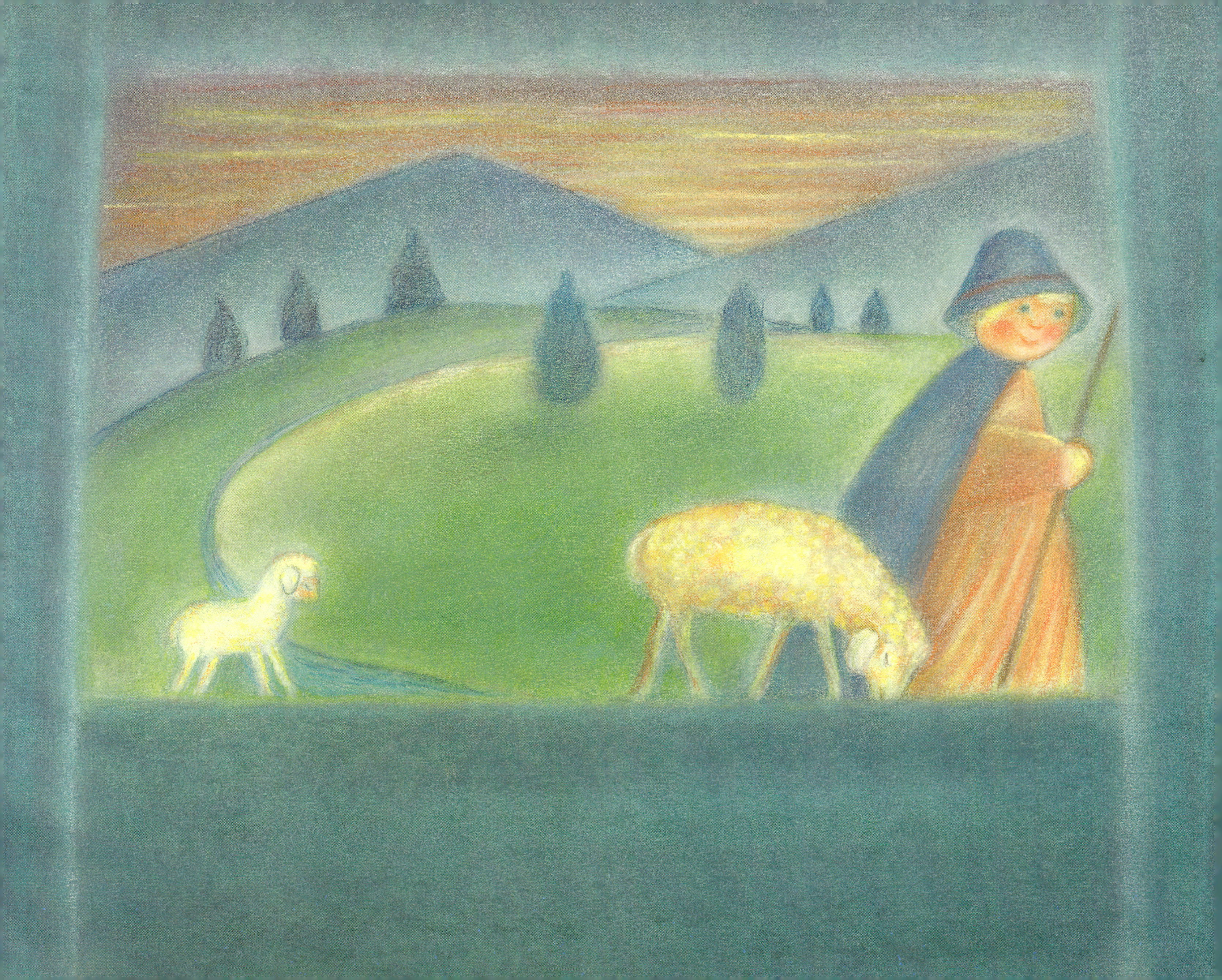

Die Sonne ist schon untergegangen, da kommen die beiden zum Schafstall. Der alte Schäfer hat gerade seine Schafe gezählt, da merkt er, daß eine große Schafmutter ganz angstvoll schreit „mäh, mäh". Der Schäfer denkt: „Wo ist denn ihr kleines Lamm?" Er schaut sich um, und da sieht er Kasper mit dem Lämmlein auf dem Arm den Berg heraufkommen. Die Kinder erzählen dem Schäfer, wie es beim Wasser stand und sich nicht ans andere Ufer getraut hat. Da ist große Freude bei allen miteinander. Kasper und Gretel müssen nun aber schnell nach Hause zu Großmutter, die schon auf sie wartet. „Gut, daß ihr da seid, es ist ja schon dunkel!", sagt sie. „Zum Abendessen soll's heute Pfannkuchen geben. Mehl, Milch, Eier und Öl habe ich schon auf den Küchentisch gestellt. Den Teig dürft ihr selber zusammenrühren und nachher die Pfannkuchen auf dem Herd in der Pfanne backen."

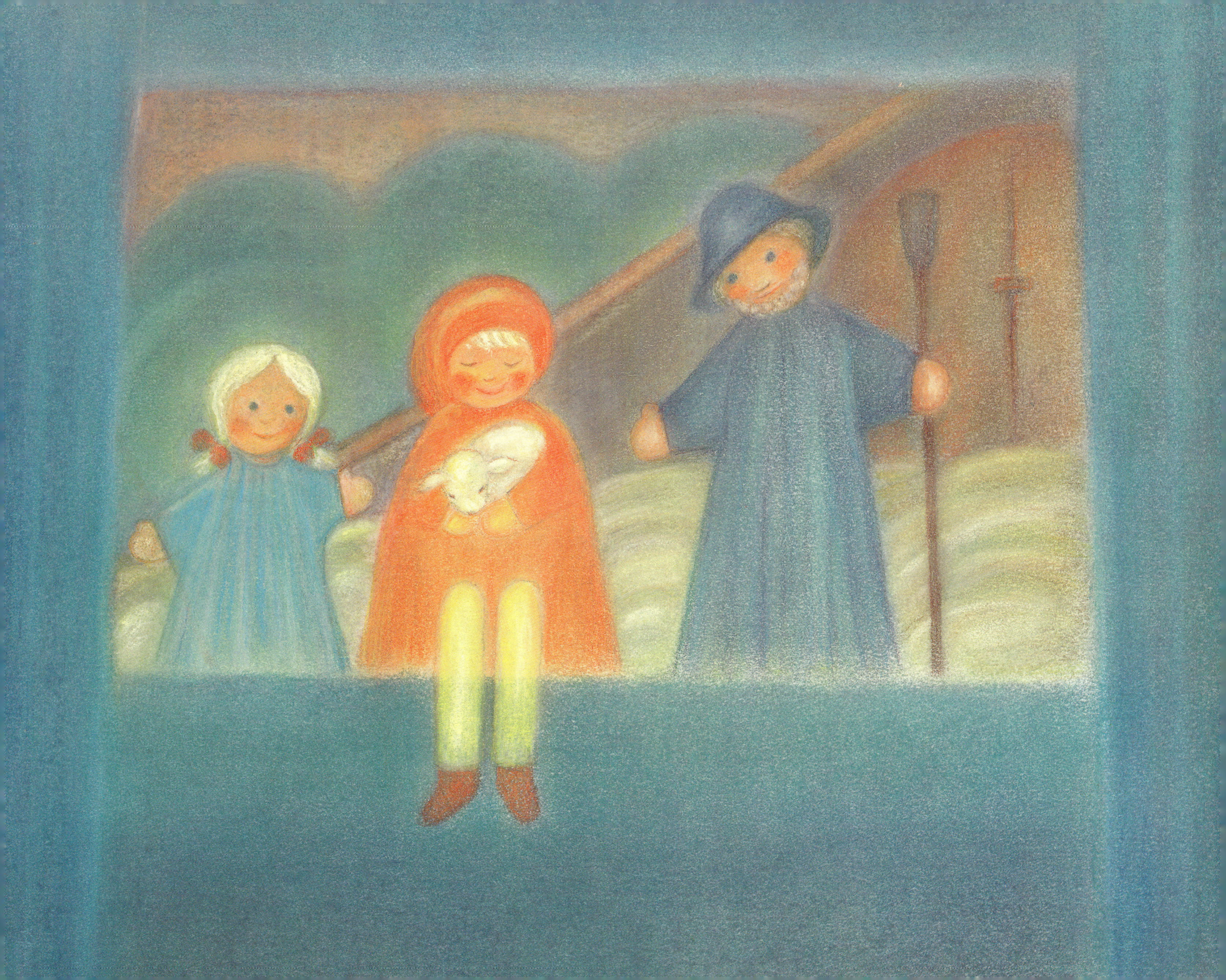

In der Küche brennt schon das Feuer im Herd. Kasper rührt mit beiden Händen den Teig, und Gretel gießt die Milch dazu. „Langsam", sagt Kasper, „nicht zu viel", und dann geht's los mit dem Backen. „Gib acht", sagt Gretel, „daß er nicht anbrennt, der Pfannkuchen! Ich glaube, du mußt ihn jetzt umdrehen." Überall duftet's schon nach Pfannkuchen, und sie rufen Großmutter, die schon den Tisch gedeckt hat. Beim Essen sagt sie: „Und nun müßt ihr mir alles noch einmal erzählen." Kasper und Gretel wollen dann morgen in der Früh gleich zum Schafstall gehen und ihr Lämmchen besuchen. Jetzt aber macht Kasper den Vorhang zu und sagt: „Bis zum nächsten Mal! Auf Wiedersehen."

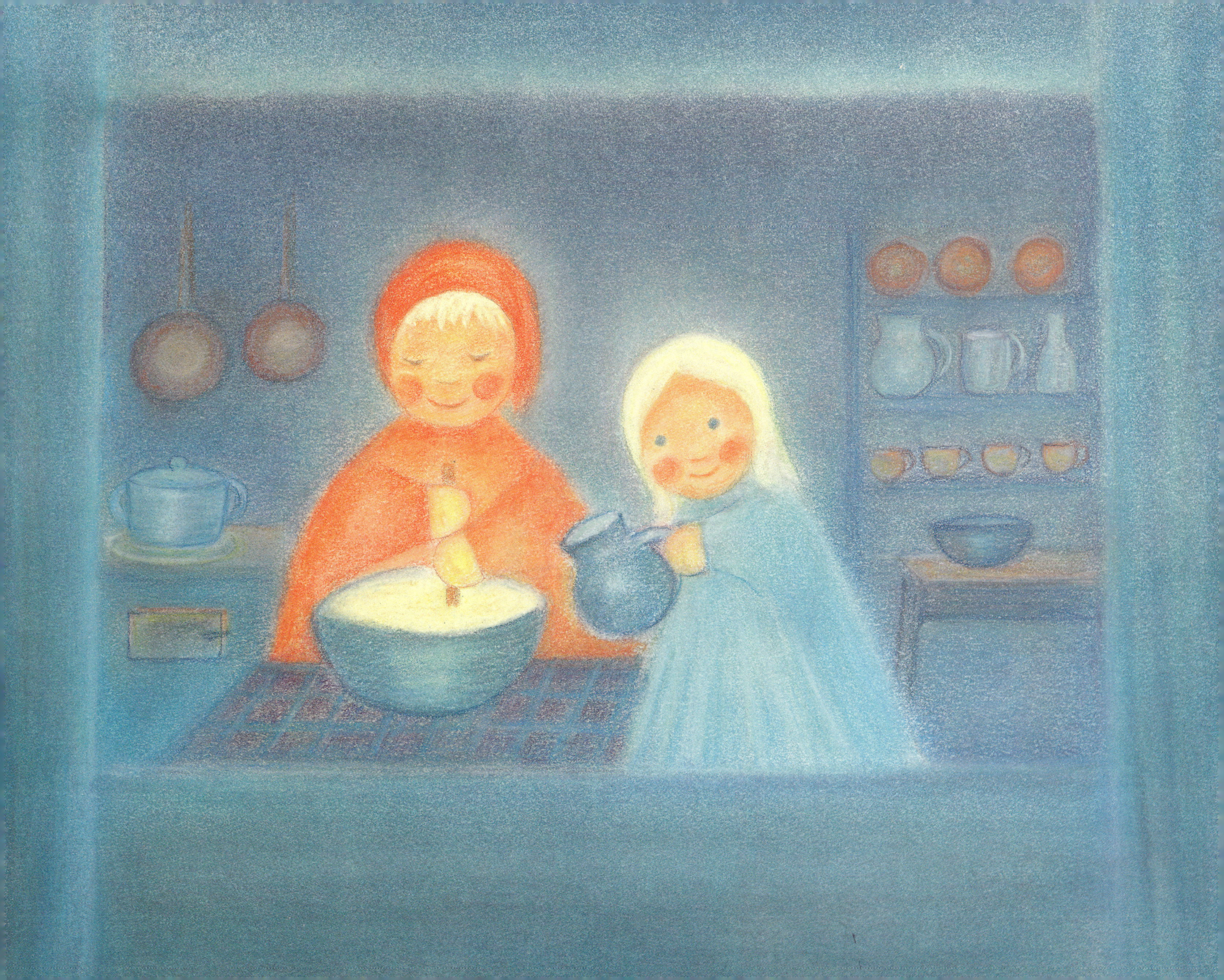

Nachwort

(Ein Brief an große und kleine Leute, die den Kasper und seine Freunde gern haben.)

Von Kasper und Gretel wäre noch viel mehr zu erzählen. Wie sie das Gartenhäuschen anstreichen durften, wie sie dort einmal fünf kleine Kätzchen gefunden haben, die mit ihrer Mutter zusammen in einem Korb lagen, wie sie auf dem alten Kirschbaum Kirschen gepflückt haben und die Leiter umgekippt ist, wie sie sich aus Rinde Schiffchen gemacht haben, um sie dann im Bach schwimmen zu lassen, wie sie bei Großmutter stricken gelernt haben, ohne die Maschen fallen zu lassen; und wie sie einmal sogar Edelsteine auf dem Ausflug gefunden haben. Vielleicht begegnet ihr Kasper und Gretel selber einmal, da können sie euch dann noch mehr von ihren neuen Spielen und Erlebnissen erzählen!

© 1992 J. Ch. Mellinger Verlag GmbH, Stuttgart
Offsetreproduktion: Reprotechnik Herzog, Stuttgart
Gesamtherstellung: Frech-Druck, Stuttgart
ISBN 3-88069-292-0

1. Auflage 1992